COMO ATRAER

DINERO

DR. JOSEPH MURPHY

© BN Publishing

Fax: 1 (815)6428329

Contact Us: info@bnpublishing.net

www.bnpublishing.net

Diseño y diagramación: K.S

Diseño Portada: J.N.

COMO ATRAER DINERO

Es tu derecho ser rico. Estás aquí para deleitar una vida de abundancia y plenitud, para ser feliz y libre. Por lo tanto deberías tener todo el dinero preciso para lograrlo. No hay dignidad en la pobreza; la pobreza es una enfermedad mental que debe ser suprimida de la faz de la tierra. Estás aquí para progresar en lo espiritual, lo mental y lo material. Tienes el derecho inalienable de desarrollarte y expresarte completamente en todos los aspectos. Deberías rodearte de belleza y lujo. ¿Por qué satisfacerte con apenas lo suficiente cuando puedes deleitarte con las riquezas del Infinito?

En este libro aprenderás a aproximarte al dinero y siempre tendrás de más. Tu deseo de ser rico es el deseo de una vida más plena, más feliz y extraordinaria. Es un impuso cósmico. Un impulso bueno, muy bueno.

Empieza a ver el dinero con su significado real: como emblema de intercambio.

Simboliza estar libre de deseos; simboliza belleza, lujo, abundancia y distinción, Mientras lees este capítulo, posiblemente digas: "Quiero más dinero". "Me merezco un salario más elevado del que estoy recibiendo".

Creo que la mayoría de la gente recibe una indemnización inadecuada. Una de las razones por las cuales las personas no tienen más dinero es porque abierta o indirectamente lo condenan.

Se refieren al dinero como "el vil metal" o piensan que "el amar al dinero es la base de todos los males", etc. Otra de las razones por las que no progresan es que tienen una sensación maliciosa y subconsciente de que hay algún tipo de dignidad en la pobreza; este patrón subconsciente puede deberse a la educación adoptada en la primera infancia, a la superstición bien puede basarse en la explicación de las escrituras.

No hay virtud en la pobreza: es una enfermedad mental como cualquier otra. Si estuvieras enfermo físicamente, pensarías que algo no marcha bien en ti, y pedirías ayuda o tratarías de ponerle remedio de inmediato. De la misma forma, si no hay dinero circulando de manera persistente en tu vida, deberías pensar que hay algo en ti que no funciona bien.

El dinero es tan sólo un símbolo; como forma de intercambio ha tomado muchas representaciones a través de los siglos, tales como sal, cuentas y baratijas diferentes. En los primeros tiempos, la riqueza de un hombre se establecía por la cantidad de ovejas o de bueyes que poseía. Es mucho más cómodo hacer un cheque que cargar ovejas para pagar las cuentas.

Dios no quiere que vivas en una choza o que pases hambre. Dios realmente quiere que seas feliz, próspero y una persona de éxito. Dios siempre tiene éxito en Sus emprendimientos, ¡ya sea una estrella o el universo!

Puede que quieras realizar un viaje por el mundo, estudiar arte en otros países, ir a la universidad o mandar a tus hijos a una escuela mejor. Desde luego deseas criar a tus hijos en un entorno agradable, para que puedan apreciar la belleza, el orden, la armonía y la proporción.

Naciste para tener éxito, para a triunfar, para vencer todas las dificultades y para desarrollar totalmente todas tus facultades. Si hay carencias económicas en tu vida, haz algo al respecto.

Sácate rápidamente de la cabeza todas las creencias supersticiosas sobre el dinero. Nunca consideres el dinero sucio o malo. Si lo haces, lo único que lograrás es que cobre alas y vuele apartándose de ti. Recuerda que pierdes aquello que condenas.

Imagina, por ejemplo, que hallas oro, plata, plomo, cobre o hierro en la tierra. ¿Dirías que estas cosas son malas? Dios dijo que todas las cosas eran buenas. El mal viene del intelecto oscurecido del hombre, de su mente no iluminada, de su definición errónea de la vida y su mal uso del Poder Divino. El uranio, el plomo o cualquier otro metal podrían haberse usado como forma de intercambio. Nosotros utilizamos billetes de papel, cheques, etc.; con seguridad el papel no es malo: tampoco el cheque. Los físicos y los científicos saben hoy en día que la única diferencia entre un metal y otro es la suma y la velocidad de los electrones que giran en torno a un núcleo central. Hoy por hoy, están convirtiendo un metal en oro a través del bombardeo de los átomos en un poderoso ciclotrón. Bajo ciertas circunstancias, el oro se convierte en mercurio. Falta poco tiempo para que el oro, la plata, u otros metales, se fabriquen sintéticamente en un laboratorio químico. No veo nada de malo en los electrones, neutrones, protones e isótopos.

El pedazo de papel que se encuentra en tu bolsillo está compuesto de electrones y protones proporcionados de diferente manera; su número y la rapidez en la que se mueven es diferente; esta es la única diferencia entre la plata y el papel en tu bolsillo.

Cierras personas dirán: "¡Pero la gente mata por dinero! ¡Roba por dinero!" Se lo ha comparado con infinidad de transgresiones, pero eso no lo hace malo.

Un hombre le puede dar a otro cincuenta dólares para matar a alguien; ha utilizado mal el dinero, usándolo para un propósito destructivo. Puedes manipular la electricidad para matar a alguien o para alumbrar un hogar. Puedes usar el agua para apaciguar la sed de un bebé o para ahogarlo, o bien el fuego para brindar calor a un niño o quemarlo hasta que muera.

Otra forma de describir esto, sería si traes tierra del jardín y la pones en la taza de té de tu desayuno: eso seria malo para ti, pero no significa que la tierra sea mala; tampoco lo es el té. Sencillamente la tierra está en el lugar equivocado, ya que debe estar en el jardín.

De forma similar, si se te clava una aguja en el pulgar, sería algo perjudicial para ti; la aguja o el alfiler van en el agujetero, no en tu pulgar.

Sabemos que las fuerzas o elementos de la naturaleza no son malos; depende del uso que les demos que nos hagan bien o nos dañen.

Un hombre me dijo una vez: "Estoy sin un centavo. No me agrada el dinero; es la base de todos los males".

El tipo de amor hacia el dinero que exceptúa todas las otras cosas hará que te vayas hacia un lado y te desniveles. Estás aquí para usar tu poder o autoridad con sabiduría. Algunos hombres desean poder; otros desean dinero. Si verdaderamente deseas dinero y dices: "Eso es todo lo que quiero. Le daré toda mi concentración a generar dinero, nada más vale", puedes conseguir dinero y lograr una fortuna pero te habrás olvidado de que estás acá para llevar una vida proporcionada. "No sólo de pan vive el hombre".

Por ejemplo, si perteneces a algún culto o grupo religioso y te tornas fanático y te alejas de tus amigos, la sociedad y las actividades grupales, te desequilibrarás, te cohibirás y te frustrarás. La naturaleza insiste en el equilibrio. Si todo tu tiempo está dedicado a las formas externas y las posesiones, te hallarás necesitado de paz mental, amistad, amor, dicha o buena salud. Verás que no puedes adquirir nada que sea real. Puedes amasar una fortuna o tener millones de dólares; esto no es ni bueno ni malo. El amor hacia el dinero que descarta todo lo otro desemboca en frustración y decepción: en este sentido sí es la base de tu mal.

Al hacer del dinero tu único objetivo, simplemente tomaste la elección errada. Pensaste que eso era todo lo que deseabas pero, después de todos tus esfuerzos, te diste cuenta de que no era nada más el dinero, lo que necesitabas. Lo que verdaderamente querías era un lugar real, paz mental y abundancia. Podrías tener un millón o muchos millones, si los quisieras, y aún así poseer paz mental, armonía, salud perfecta y expresión Divina.

Todos desean dinero y no sólo lo suficiente. Quien quiera abundancia de sobra, la debería poseer. Todas las ganas, deseos e impulsos que obtenemos por la comida, la ropa, las casas, mejores medios de transporte, expresión, fecundación y abundancia nos los ha proporcionado Dios, son Divinos y buenos, pero podemos darle una orientación equivocada a estas ganas, impulsos y deseos, lo cual redundaría en experiencias malas o negativas en nuestras vidas.

El hombre no posee una naturaleza maligna; no hay naturaleza malvada en ti; es Dios, la Sabiduría Universal o la Vida que busca expresarse a través de ti.

Por ejemplo, un muchacho desea ir a la universidad pero no cuenta con el dinero suficiente. Ve a otros muchachos en el barrio que van a la universidad y su deseo crece. Se dice a sí mismo: "Yo también quiero recibir una educación". Puede que ese joven robe o falsee dinero con el objetivo de ir a la universidad. Su deseo era básicamente bueno; dirigió mal ese deseo o esas ganas, al violar las leyes de la sociedad, la ley cósmica de la armonía o la regla dorada; entonces se halla en problemas.

Sin embargo, si este muchacho conociera las leyes de la mente y la capacidad absoluta que tiene para ir a la universidad a través del uso del Poder Espiritual, podría estar libre y no en la prisión. ¿Quién lo puso tras las rejas? El mismo se situó ahí. El policía que lo confinó fue un utensilio de las leyes hechas por los hombres que él quebrantó. Primero se puso a sí mismo tras las rejas en su mente al robar y herir a otros. El miedo y la conciencia de la culpa le siguieron; ésta es la prisión de la mente, a la que le siguen las paredes de la prisión, construidas de ladrillos y piedras.

El dinero es un símbolo de la abundancia, la belleza, el refinamiento y la riqueza de Dios y se lo debe usar con sabiduría, juicio y de forma constructiva para el bien de la humanidad en infinitas maneras. Es meramente un símbolo de la riqueza económica de una nación. Cuando tu sangre circula con libertad posees salud. Cuando el dinero circula libremente en tu vida eres económicamente sano. Cuando las personas empiezan a acumular dinero y a ponerlo en cajas de metal y sc llcnan de miedo, se enferman económicamente.

En la crisis económica de 1929 hubo un espanto psicológico; el miedo, en todas partes, dominó las mentes de las personas. Fue una especie de hechizo negativo e hipnótico.

Vives en un mundo subjetivo y objetivo. No debes menospreciar el alimento espiritual, tal como la paz mental, el amor, la belleza, la armonía, la alegría y la risa.

El conocimiento del poder espiritual es el medio para acceder al Camino Real que conduce hacia las Riquezas de todo tipo, ya sea que tu deseo sea espiritual, mental o material. El alumno de las leyes de la mente, o el alumno del principio espiritual, cree y sabe de manera total que, sin importar la situación económica, la fluctuación del mercado de valores, la depresión, las huelgas, la guerra u otras condiciones y acontecimientos, siempre recibirá provisiones de manera abundante sin importar la forma que tome el dinero. La razón de esto es que persevera en la consciencia de la riqueza. El alumno se ha convencido, dentro de su mente, de que la riqueza fluye libremente y por siempre en su vida, y de que siempre habrá más para él, que viene de lo Divino. Si mañana hubiera una guerra y todas sus propiedades actuales perdieran valor, como pasó con el marco alemán después de la Primera Guerra Mundial, aún así el alumno conquistaría la riqueza y estaría protegido, sin importar la forma que tomara la nueva moneda.

La riqueza es un estado de la consciencia; es una mente condicionada al abastecimiento Divino que fluye perpetuamente. El pensador científico percibe el dinero y la riqueza como la marea; es decir, algo que se va pero siempre vuelve. La marea nunca falla; tampoco lo harán los abastecimientos del hombre cuando este confía en una Presencia perseverante, inmutable e inmortal, que es Omnipresente y que fluye sin cesar. El hombre que conoce el trabajo de la mente subconsciente, por ende, nunca está preocupado por la situación económica, el espanto del mercado de valores o la devaluación o la inflación de la moneda, ya que se atiene a la consciencia del destino de Dios, A ese hombre siempre lo provee y lo cuida una Presencia que todo lo cubre. "Observad las aves del cielo, que no siembran, ni cortan, ni guardan la cosecha en graneros; y vuestro Padre las alimenta. ¿No sois vosotros mucho mejores que ellas?"

A medida que de manera consciente entras en relación con la Presencia Divina, aseverando y sabiendo que Ella te lleva y te guía en todos tus caminos, que es una Lámpara que guía tus pasos y una Luz en tu senda, serás Divinamente próspero y se te proporcionará sustento más allá de tus sueños más imaginativos.

He aquí una forma simple de crear una impresión en tu mente subconsciente con la idea de suministros o riqueza constante: Aquieta el movimiento de tu mente; ¡Relájate! ¡Vamos! Frena la atención. Ingresa en un estado mental adormilado, de ensueño, meditativo; eso reduce el esfuerzo al mínimo; luego, de manera relajada y tranquila reflexiona sobre las siguientes verdades sencillas. Pregúntate a ti mismo: ¿De dónde provienen las ideas? ¿De dónde la riqueza? ¿De dónde vienes? ¿De dónde han venido tu cerebro y tu mente? Te dirigirás hacia la Fuente Única.

Ahora te halas en una base espiritual para empezar a trabajar. Ya no será un agravio para tu inteligencia darte cuenta de que la riqueza es un estado mental. Asume esta pequeña frase; repítela lentamente durante cuatro o cinco minutos, tres o cuatro veces por día, en silencio, en especial antes de ir a dormir: "El dinero está por siempre transitando libremente en mi vida y todo el tiempo hay un abastecimiento Divino. A medida que hagas esto en forma regular y metódica, a tu mente profunda se le comunicará la idea de la riqueza y desarrollarás una conciencia de la misma. La repetición vacía y mecánica no tendrá éxito para levantar la consciencia de la riqueza. Empieza a sentir la verdad de lo que afirmas. Sabes qué estás haciendo y por qué lo estás haciendo. Sabes que tu ser más profundo contesta a lo que conscientemente aceptas como verdad.

Al principio, las personas que tienen dificultades económicas no consiguen resultados con afirmaciones tales como: "Soy rico", "Soy próspero", "Soy exitoso": tales afirmaciones pueden hacer que su escenario empeore. El motivo de esto es que la mente subconsciente aceptará, de dos ideas, la que sea imperiosa, o aceptará la predisposición o sensación que predomina. Cuando dicen: "Soy próspero", la sensación de insuficiencia es mayor, y algo dentro de ellos dice: "No, no eres próspero, estás quebrado". La sensación de insuficiencia es la que domina, así que cada aseveración convoca aún más a esta sensación de insuficiencia y entonces reciben mis de lo mismo. La forma para que los principiantes superen esto es aseverar aquello con lo que la mente consciente e inconsciente están de acuerdo; entonces no habrá refutación. Nuestra mente subconsciente acepta nuestras creencias, sensaciones, opiniones y lo que conscientemente admitimos como verdad.

Un hombre puede pedir la cooperación de su mente subconsciente al decir: "Prospero cada día". "Progreso en riqueza y sabiduría cada día". "Mi fortuna se duplica día a día". "Mejoro, crezco y voy hacia delante en lo económico". Estas afirmaciones y otras parecidas no instaurarán conflictos en la mente.

Por ejemplo, si un vendedor tiene sólo diez centavos en el bolsillo, fácilmente puede estar de acuerdo con que mañana podría poseer más. Si vendiera un par de zapatos mañana, no hay nada dentro de él que diga que sus ventas no podrían crecer. Podría usar afirmaciones tales como: "Mis ventas crecen cada día". "Prospero, voy hacia adelante". Pensaría que estas frases resultan sanas psicológicamente, serían aceptables para su mente y darían los frutos requeridos.

Los alumnos espiritualmente avanzados que de manera tranquila, sentida e intencionada dicen: "soy próspero". "Soy exitoso". "Soy rico", también logran excelentes resultados. ¿Por qué esto ha de ser real? Cuando piensan, sienten o dicen: "Soy próspero", quieren decir que Dios es el Abastecimiento Total o Riqueza Infinita y que lo que es real acerca de Dios es real acerca de ellos. Cuando dicen: "Soy rico", saben que Dios es el Abastecimiento Infinito, la Mina de Oro Ilimitada y que lo que es real sobre Dios es, entonces, verdad sobre ellos, ya que Dios está dentro de ellos.

Muchos hombres logran excelentes resultados al pensar sobre tres ideas abstractas como la salud, la riqueza y el éxito. La *Salud* es una Realidad Divina o condición de Dios. La *Riqueza* es de Dios; es eterna e interminable. El *Éxito* es de Dios: Dios es siempre exitoso en todos sus emprendimientos.

La forma en que estos hombres provocan resultados notables es pararse frente al espejo, mientras se rasuran, en tanto repiten durante cinco o diez minutos: "Salud, riqueza y éxito". No dicen: "Soy rico, o tengo éxito"; no establecen oposición en la mente. Están tranquilos y relajados; así la mente es pasiva y receptiva; después repiten estas palabras. Lo que sigue son efectos asombrosos. Todo lo que hacen es identificarse con verdades que son eternas, inalterables y atemporales.

Tú puedes desplegar la consciencia de la riqueza. Pon en práctica los principios expresados y elaborados en este libro y tu desierto cobrará vida y florecerá como un capullo.

Muchos años atrás en Australia, trabajé con un joven que deseaba convertirse en médico cirujano, pero no tenía dinero ni se había licenciado en la escuela secundaria. Para cubrir sus gastos, solía limpiar los despachos de los médicos, lavar ventanas y hacer algunos trabajos ocasionales de reparaciones. Me relató que cada noche, cuando se iba a dormir, solía ver en una pared un diploma con su nombre en letras grandes y recalcadas. En ocasiones limpiaba y lustraba los diplomas en el edificio médico en donde trabajaba, así que no le era complicado grabarse la imagen en la mente para después recrearla.

No sé cuánto tiempo siguió con esto, pero debieron de ser algunos meses.

A su persistencia le siguieron los efectos. A uno de los médicos empezó a agradarle mucho este muchacho y después de entrenarlo en las tareas de esterilizar instrumental, poner inyecciones hipodérmicas y otras destrezas varias de primeros auxilios, el joven se convirtió en auxiliar técnico del consultorio. El médico lo mandó a la escuela secundaria y a la universidad, cubriendo los gastos de su propio bolsillo.

Hoy en día este hombre es un destacado médico en Montreal, Canadá. ¡Tenía un anhelo! ¡Una imagen clara en su mente! *Su riqueza estaba en su mente.*

La *riqueza* es tu idea, deseo, aptitud, ganas de servir, capacidad para dar a la humanidad, tu capacidad para ser útil a la sociedad y tu amor por la humanidad en general. Este joven hizo andar una gran ley de forma inconsciente. Troward dice: "Una vez que has percibido el fin, has puesto los medios para que éste se haga realidad". El *fin* en el caso de este muchacho era ser médico. Se trataba de imaginar, ver y apreciar la realidad de ser médico en ese mismo instante, vivir con esa idea, mantenerla, alimentarla y amarla hasta que, a través de su imaginación, ingresara las capas del subconsciente, se volviera convencimiento y preparara el camino para el cumplimiento de sus sueños.

Podría haber dicho: "No poseo educación". "No conozco a la gente apropiada". "Soy muy mayor para ir a la escuela". "No tengo dinero; tomaría años y no soy tan inteligente". Entonces habría estado vencido antes de comenzar. Su riqueza residió en el uso del Poder Espiritual dentro de él, el cual respondió a su pensamiento.

Los medios o la forma en que obtenemos una respuesta a nuestra plegaria siempre están escondidos, excepto que a veces podemos descubrir de manera intuitiva parte del proceso. "Mis caminos son misteriosos". Los *medios* no se conocen.

Lo único que debe hacer el hombre es imaginar y admitir el *fin* en su mente y dejar su progreso en manos de la sabiduría subjetiva interior.

Muchas veces se hace la pregunta: "¿Qué debo hacer después de pensar en el *fin* y aceptar mi deseo en la consciencia?" La respuesta es sencilla: serás forzado a realizar lo que sea preciso para el desarrollo de tu ideal. La ley del subconsciente es la coacción. La ley de la vida es acción y reacción. Lo que hacemos es la respuesta inconsciente a los movimientos internos de nuestra mente, a nuestro sentimiento interno y persuasión.

Unos meses atrás, cuando me iba a dormir, imaginé que estaba leyendo uno de mis libros más populares, *Magic of faith,* en francés. Empecé a construir la imagen de este libro transitando por los países de habla francesa. Hice esto cada noche durante varias semanas y me dormía con la edición francesa imaginaria de *Magic of faith* en las manos.

Justo antes de la Navidad de *1954,* recibí una carta de un importante editor de Paris, Francia, que tenía la redacción de un contrato. Me solicitaba que lo firmase, para concederle el permiso de publicar y promover en el exterior en todos los países franco- parlantes la edición en francés *de Magic of faith.*

Podrías preguntarme qué hice en pos de la publicación de este libro después de rezar, Debería responderte: "¡Nada!". La sabiduría subjetiva agarró, el control e hizo que todo pasara a su manera, lo cual fue una forma mucho mejor que cualquier otro procedimiento que yo pudiera imaginar conscientemente.

Todos nuestros movimientos externos y acciones persiguen a los movimientos internos de la mente. La acción interna antecede a la acción externa. Cualesquiera sean los pasos que des concretamente o lo que parezca que hagas objetivamente, será todo parte de un diseño que fuiste obligado a cumplir.

Aceptar el fin incita a los medios para que lleven a la realidad tal fin. Cree en que ya lo posees, y lo recibirás.

Debemos dejar de negar nuestro propio bien. Date cuenta de que lo único que nos aparta de las riquezas que nos rodean es nuestra actitud mental o la forma en que vemos a Dios, la vida y el mundo en general. Debes creer, saber y actuar suponiendo positivamente que no hay razón para que no puedas poseer, ser y hacer lo que sea que quieras lograr a través de las grandes leyes de Dios.

Tu conocimiento de cómo funciona la mente es tu salvación y tu libertad. El pensamiento y el sentimiento son tu destino. Tienes todo por el derecho de la consciencia. La consciencia de la salud produce salud; la consciencia de la riqueza produce riqueza. El mundo parece negar o resistirse a aquello por lo cual rezas; tus sentidos a veces se burlan o se ríen de ti.

Si le dices a un amigo que estás partiendo un nuevo negocio por tu cuenta, acto seguido él puede darte todas las razones por las cuales vas a perder. Si eres susceptible a su hechizo hipnótico, puede impulsar en tu mente el miedo al fracaso.

A medida que te vuelves consciente del poder espiritual, que es uno e indivisible y que responde a tu mente, rechazarás la oscuridad y la ignorancia del mundo y sabrás que estás completamente equipado y que tienes el poder y el conocimiento para obtener éxito.

Para recorrer el Camino Real hacia las Riquezas no debes poner impedimentos ni trabas en el sendero de los otros; tampoco debes estar celoso o envidiarlos. En realidad, cuando te implicas con estos estados negativos de la mente te estás hiriendo a ti mismo, porque lo estás pensando y sintiendo. Como dijo Quimby: "Lo que tú dices sobre los otros, lo estás diciendo acerca de ti". Ésta es la razón por la cual la ley de la regla dorada es cósmica y Divina.

Estoy seguro de que has escuchado a hombres decir: "Esa persona está cometiendo un fraude". "Es un estafador". "Está obteniendo dinero en manera deshonesta". "Es un farsante". "Lo conocía cuando no poseía nada". "Es un deshonesto, ladrón y estafador". Si examinas a quien habla así, generalmente posee carencias o tiene un problema económico o físico. Tal vez sus antiguos amigos de colegio escalaron hacia el Éxito y lo superaron; ahora está disgustado y les envidia su progreso. En muchos casos ésta es la raíz de su propia perdición. Pensar negativamente acerca de sus amigos y reprobar su riqueza hace que las riquezas y prosperidad que pide para sí en sus oraciones se aparten y se desvanezcan. Está condenando las cosas por las cuales reza. Está rezando en dos sentidos. Por un lado dice: "Dios me está proporcionando bienestar" y, con el siguiente aliento, en manera silenciosa o audible dice: "Estoy disgustado por la riqueza de ese compañero" Siempre cerciórate especialmente de bendecir al otro y alegrarte por su bienestar y su éxito; cuando lo haces te bendices y prosperas ti mismo.

Si ingresas al banco y ves a tu contendiente que tiene su tienda al otro lado de la calle, depositar veinte veces más que tú o diez mil dólares, conténtate y estate muy feliz de ver la abundancia de Dios revelarse en uno de sus hijos. Entonces estás bendiciendo y exaltando aquello por lo cual rezas. Aquello que bendices, lo duplicas. Aquello que condenas, lo pierdes.

Si trabajas en una gran empresa y silenciosamente piensas y resientes el hecho de que te están pagando de menos, que no se te está valorando y que mereces más dinero y reconocimiento, estás afectando de manera subconsciente tu relación con esa empresa. Estás poniendo una ley en movimiento; después el director o el gerente te dicen: "Tenemos que despedirte". Tú mismo te despediste. El gerente fue sencillamente el instrumento por medio del cual se corroboró tu propio estado mental negativo. En otras palabras, era un emisario que te decía lo que creías verdadero sobre ti mismo. Fue un ejemplo de la ley de acción y reacción. La *acción* fue el movimiento interno de tu mente; la *reacción* fue la respuesta del mundo externo acorde a tu pensamiento interno.

Tal vez, a medida que lees estas líneas, estás pensando en alguien que progresó económicamente aprovechándose de otros, engañándolos, haciéndoles invertir negativamente en propiedades, etc. La respuesta a esto es obvia, porque si robarnos, mentimos o estafamos a otro, hacemos lo propio para con nosotros mismos. En realidad, en este caso estamos en verdad hiriéndonos y robándonos. En primer lugar, estamos predispuestos a la escasez, que obligadamente nos traerá pérdida. La misma pude venir de muchas maneras; puede que sea como pérdida de salud, autoridad, paz mental, estatus social, enfermedad en el hogar o en el negocio. No precisamente llega como pérdida de dinero. No debemos ser tan cortos de vista y pensar que la pérdida tiene que venir tan sólo en representación de billetes y monedas.

¿No es una sensación asombrosa apoyar la cabeza en la almohada por las noches y sentir que te hallas en paz con todo el mundo y que tu corazón está repleto de buena voluntad hacia todo y todos? Hay personas que han acumulado dinero de la forma equivocada, pisoteando a otros, con tretas, engaños y subterfugios. ¿Cuál es el precio? A veces es la salud mental y física, complejos de culpa, insomnio o miedos ocultos. Como me dijo un hombre: "Sí, cometí brutalidades con otras personas. Obtuve lo que quería, pero me enfermé de cáncer por eso". Se dio cuenta de que logró su riqueza de la forma equivocada.

Puedes ser rico y próspero sin dañar a nadie. Muchos hombres se roban continuamente a ellos mismos; se sacan paz mental, salud, alegría, inspiración, felicidad y la sonrisa de Dios. Pueden decir que nunca robaron, pero ¿es verdad? Cada vez que tenemos resentimiento de otra persona o sentimos celos o envidia de su riqueza o éxito, nos estamos robando a nosotros mismos. Tú debes expulsar a estos ladrones en forma tajante y decidida. No los dejes habitar en tu mente. Córtales la cabeza con el fuego del pensamiento y sentimientos correctos.

Recuerdo en los primeros tiempos de la guerra haber leído sobre una mujer en Brooklyn, Nueva York, que fue de tienda en tienda adquiriendo todo el café que podía. Sabía que el café se iba a racionar y tenía miedo de que no hubiera bastante para ella. Compró lo que más pudo y lo guardó en el sótano. Esa noche fue a una reunión. Cuando volvió a su casa, los ladrones le habían tumbado la puerta y habían robado no tan sólo el café sino también la vajilla de plata, dinero, joyas y otros objetos.

Esta buena mujer dijo lo que dicen todos: "¿Por qué me pasó esto a mí mientras estaba en la reunión? Nunca le robé a nadie".

¿Es cierto lo que dijo? ¿No estaba ella situada en la consciencia del miedo y de la falta cuando comenzó a juntar provisiones de café? Su predisposición y el miedo a la escasez fueron suficientes para atraer la pérdida a su casa y sus posesiones. No tuvo que poner la mano en la registradora o robar un banco; su temor a la carencia produjo la carencia. Ésta es la razón por la cual muchas personas que son lo que la sociedad llama "buenos ciudadanos", sobrellevan pérdidas.

Son buenos en el sentido frívolo, es decir, pagan los impuestos, obedecen las leyes, van a votar y son generosos con las instituciones de caridad, pero tienen rencores con las posesiones, riqueza o posición social de otros. Si quisieran agarrar dinero cuando nadie los ve, tal actitud es definitiva y positivamente un estado de carencia y puede hacer que la persona que se compensa en tal estado mental atraiga charlatanes o bandidos que lo pueden estafar o engañar a la hora de hacer transacciones comerciales.

Antes de que el ladrón "externo" nos robe, primero tenemos que robarnos a nosotros mismos. Debe existir un lado interior, antes de que surja el exterior. Un hombre puede tener un complejo de culpa y culparse a sí mismo perseverantemente. Conocí a uno así; era muy honesto como cajero de un banco. Nunca robó dinero, pero tenía un romance ilegal; estaba manteniendo a otra mujer y rechazando a su familia. Vivía con temor a que lo descubrieran y esto dio como resultado un insondable sentimiento de culpa. El miedo le sigue a la culpa y hace que los músculos y las membranas mucosas se contraigan. Se le desarrolló sinusitis aguda y los remedios le daban tan sólo un alivio pasajero.

Le dije a este cliente la causa de su problema y le dije que la solución era dejar su romance extramatrimonial. Me dijo que no podía, que ella era su alma gemela y que ya había tratado. Se culpaba y condenaba a sí mismo permanentemente. Un día uno de los funcionarios del banco lo culpó de haber sacado dinero; le pareció algo serio ya que existía evidencia contingente. Le dio pánico y se dio cuenta de que la única razón por la que lo habían acusado injustamente era que él mismo se había estado castigando. Pudo ver cómo opera la mente. Mientras siempre se estuviera acusando a sí mismo en el plano interno, lo acusarían en el externo.

Debido al golpe de haber sido acusado de robo rompió rápidamente su relación con la otra mujer y empezó a rezar pidiendo armonía Divina y comprensión con los funcionarios del banco. Empezó a afirmar: "No hay nada escondido que no se revele. La paz de Dios reina soberana en las mentes y los corazones de todos los involucrados".

La verdad sobresalió. Todo el asunto se aclaró a la luz de la verdad. Descubrieron que otro joven era el culpable. El cajero supo que sólo a través de la plegaria se salvó de una condena de cárcel.

La gran ley es: "Como quisieras que los hombres piensen de ti, piensa igual tú de ellos. Como quisieras que los hombres sientan por ti, siente también por ellos de la misma forma".

Expresa desde tu corazón: "Deseo para cada hombre que camine sobre la tierra lo misma que deseo para mí. El deseo sencillo de mi corazón es, por lo tanto, paz, amor, alegría, abundancia y las bendiciones de Dios para todos los hombres en todas partes. Alégrate y estate contento por el progreso, el adelanto y la felicidad de todos. Lo que sea que pidas como una verdad para ti mismo, pide para todos los hombres de todos lados, Si rezas deseando felicidad y paz mental, que tu pedido sea de paz y felicidad para todos. Nunca intentes privar a nadie de ninguna alegría. Si lo haces, te privas a ti mismo. Cuando a tu amigo le llega la suerte, ésta también llega para ti.

Si a alguien lo ascienden en tu trabajo,

estate contento y feliz. Agasájalo, alégrate por su avance y reconocimiento. Si estás enojado o resentido, te estás degradando a ti mismo. No trates de estancarle a otro su derecho de nacimiento, dado por Dios, la felicidad, el hito, la abundancia, los logros y todas las cosas buenas.

Los tesoros del cielo son las verdades de Dios que tenemos dentro del alma. Llenad vuestras mentes con paz, armonía, fe, satisfacción, honestidad, honradez, amabilidad y gentileza; entonces estaréis sembrando tesoros en los cielos de vuestras propias mentes.

Si estás buscando saber sobre tus inversiones o estás preocupado por las acciones o los bonos, asevera tranquilamente: "La Inteligencia Infinita gobierna y vigila todas mis transacciones financieras y, lo que sea que yo haga, progresará". Haz esto de forma frecuente y verás que tus inversiones serán sabias; más aún, se te preservará de la pérdida, ya que se te hará vender tus valores o participaciones antes de que se amontonen pérdidas.

Usa diariamente la siguiente plegaria sobre tu casa, tu negocio y tu fortuna: "La

Presencia que todo lo opaca, que guía a los planetas en su trayectoria y hace que el sol brille, cuida de todos mis recursos, mi hogar, mis negocios y todas mis cosas. Dios es mi fortaleza y mi baluarte. Todas mis posesiones están seguras con Dios". Al acordarte diariamente esta gran verdad y al cumplir las leyes del Amor, siempre te guiarán, te cuidarán y progresarás en todos los sentidos. Nunca tendrás pérdidas, ya que has elegido al Supremo como Consejero y Guía. El Amor de Dios te rodea envolviéndote, abriga y te acompaña todo el tiempo. Reposas en los Brazos Eternos de Dios.

Todos deberíamos buscar una guía interna para nuestras dificultades. Si tienes un problema económico, repite lo siguiente por la noche, antes de irte a dormir: "En este momento me iré a dormir en paz. He traspasado este asunto a la Sabiduría de Dios dentro de mí. Sólo ella sabe la respuesta. Cuando el sol sale por la mañana, también resurgirá mi respuesta. Sé que la salida del sol nunca falla". Luego, anda a dormir.

No te molestes, te preocupes o te enojes por un problema. La noche trae consejo. Duerme sabiendo eso. Tu entendimiento no puede solucionar todos tus problemas. Reza por la Luz que vendrá. Recuerda que el alba siempre llega; entonces las sombras escapan. Deja que tu sueño de cada noche sea favorable y satisfecho.

No eres víctima de los acontecimientos a menos que creas que lo eres. Puedes elevarte y vencer cualquier circunstancia o condición. Tendrás distintas experiencias mientras estás parado en la piedra de la Verdad espiritual, firme y con fe en tus objetivos y deseos más profundos.

En las grandes tiendas los jefes emplean detectives para evitar que la gente robe; todos los días agarran a cierta cantidad que trata de llevarse algo sin pagar. Tales personas viven en la consciencia de la carencia y la limitación, y se están robando a sí mismas, a la vez que atraen todo tipo de pérdidas. A estas personas les falta la fe en Dios y la comprensión de cómo trabajan sus propias mentes. Si rezaran pidiendo un lugar verdadero, expresión y provisiones Divinas, hallarían trabajo; luego, por su honestidad, honradez y perseverancia serían un honor tanto para ellos mismos como para toda la sociedad.

Los estados pobres de consciencia están

siempre con nosotros en este sentido: que sin importar cuánta riqueza poseas ahora, hay algo que quieres con todo el corazón. Puede que tengas un problema de salud; tal vez tu hijo o tu hija necesita guía o escasea armonía en el hogar. En ese instante es que eres pobre. No podríamos saber qué es la abundancia si no fuéramos conscientes de la falta.

Ya sea el rey de Inglaterra o el niño de los barrios pobres, todos nacemos en la limitación y dentro del inconsciente colectivo. Crecemos a través de estas limitaciones. Nunca podríamos revelar el Poder Interior si no tuviéramos que pasar problemas y dificultades; éstos son nuestros *estados pobres* que nos incitan a buscar la solución. No podríamos saber qué es la alegría si no volcásemos una lágrima de dolor. Debemos ser conscientes de la pobreza, para buscar liberarnos y subir hacia la riqueza de Dios.

Los *estados pobres,* tales como el temor, la ignorancia, la preocupación, la falta y el dolor, no son malos cuando hacen que indagues en lo opuesto. Cuando te metes en problemas y te patean de un lugar al otro; cuando haces preguntas negativas y dolorosas tales como: "¿Por qué me

---

pasa todo esto a mi?¿Por qué parece estar persiguiéndome una maldición?",la luz ha de llegar a tu mente. A través del sufrimiento, del dolor o la adversidad descubrirás la verdad que te libera. "Dulces son los frutos de la desgracia, los cuales, como un sapo feo y venenoso, llevan igualmente una preciada joya sobre su cabeza".

A través de la complacencia se nos dirige hasta la satisfacción. Todos los que estudian las leyes de la vida han estado insatisfechos con algo. Han tenido algún problema o aprieto que no podían solucionar; o no han estado satisfechos con las respuestas de los hombres a los enigmas de la vida. Han hallado la respuesta en la Presencia de Dios dentro de sí, la perla de gran valor, la preciada joya.

Cuando hagas realidad tu ambición o deseo, estarás orgulloso por tan sólo un corto tiempo; luego el impulso de *pr*opagarte regresará. Es la Vida buscando formularse en niveles más altos a través s de ti. Cuando se satisface un deseo, viene otro y así hasta la eternidad. Estás aquí para crecer. La vida prospera; no es estática. Estás aquí para ir de satisfacción en satisfacción, no hay fin, ya que no hay final para la gloria de Dios.

Todos somos pobres en el sentido de que siempre estamos buscando más luz, conocimiento, felicidad y más alegría en la vida. Dios es Infinito y nunca en la Eternidad podrías terminar la gloria, la belleza y la sabiduría que está en tu interior; así de increíble eres.

En el estado absoluto todas las cosas están realizadas, pero en el mundo relativo debemos despertar a esa satisfacción que era nuestra antes de que existiera el mundo. No importa lo sabio que seas, estás buscando más sabiduría, así que todavía eres pobre. No importa lo perspicaz que seas en el campo de la matemática, física o astrofísica, tan sólo estás rascando la superficie. Aún eses pobre. El viaje es siempre hacia adelante, hacia arriba y hacia Dios. Es en verdad un paso de despertar, por el cual te das cuenta de que la creación está finalizada. Cuando sabes que Dios no tiene que aprender, crecer, propagarse o revelarse, comienzas poco a poco a despertar del dueño de la limitación y te conviertes en la vida con Dios.

A medida que se esfuman de tu vista el

miedo, la ignorancia, el inconsciente colectivo y la hipnosis masiva, empiezas a ver a Dios y Él te ve. Los puntos ciegos desaparecen; entonces empiezas a ver el mundo como Dios lo hizo; ya que comenzamos a observarlo a través de Sus ojos.

Alimenta al "pobre" dentro de ti: tapa las ideas desnudas y dales forma al creer en la realidad de las mismas, confía en que el gran Fabricante interior les dará forma y las realizará. Ahora tu palabra (idea) se hace carne (tomará forma). Cuando tienes hambre (estados pobres), buscas alimento. Cuando estás inquieto, buscas paz. Cuando estás enfermo buscas salud, cuando estás frágil buscas fuerzas. Tu deseo de prosperidad es la voz de Dios dentro de ti que te dice que la abundancia es tuya: por ende, a través de tu *estado pobre* hallas el impulso para crecer, expandirte, desarrollarte, para conseguir logos y cumplir tus deseos.

Un dolor en el hombro es una bendición disimulada: te dice que hagas algo al respecto rápidamente. Si no hubiese dolor ni sospecha de algún problema, se te podría caer el brazo en la calle. Tu dolor es el sistema de alarma de Dios que te dice que busques Su Paz y Su Poder Sanador y camines de la oscuridad a la Luz. Cuando tienes frio, prendes un fuego y cuando tienes hambre, comes. Cuando tengas carencias, inclínate a la riqueza y la abundancia. Imagina el fin, alégrate con él. Una vez imaginado el propósito y habiéndolo sentido como algo real, has puesto los medios para que el mismo se haga realidad.

Cuando tengas temor y estés preocupado, alimenta tu mente con las grandes verdades de Dios que han superado la prueba del tiempo y perdurarán por siempre.

Medita sobre otra gran verdad espiritual: "El corazón feliz hermosea el rostro". "El corazón feliz se ríe continuamente". "El corazón alegre hace bien como una medicina, mas el espíritu apenado seca los huesos"."Por lo tanto te sugiero que despiertes el don de Dios, que está en ti". Empieza ya a despertar el don de Dios rebatiendo por completo la seguridad de los sentidos, la opresión y despotismo del inconsciente colectivo y dale total afirmación al Poder espiritual dentro de ti como la única Causa, el único Poder y la única Presencia. Reconoce que es un Poder receptivo y piadoso.

Será tu Consuelo, tu Guía y Consejero. Entonces dirás: Dios es Amor. Lo he hallado y Él verdaderamente me ha redimido de todos mis temores". Más aún, te hallarás en verdes prados, en donde la abundancia y todas las riquezas de Dios fluyen libremente a través de ti.

Repítete con felicidad y abiertamente durante la jornada:

"Ando todo el día consciente de la Presencia de Dios"."Su completitud fluye a través de mí todo el tiempo, colmando todas las facetas vacías en mi vida".

Cuando estás satisfecho con la sensación de que eres lo que deseas ser, tu plegaria es contestada. ¿Están completas todas las circunstancias de tu vida? Mira tu salud, riqueza, amor y expresión. ¿Estás completamente satisfecho en todos los niveles?

¿Falta algo en alguno de estos cuatro aspectos? Todo lo que buscas, no importa qué sea, cae en una de estas clasificaciones,

Si dices: "Todo lo que deseo es la verdad y la sabiduría", estás expresando el deseo de todos los hombres en todas partes. Eso es lo que todo el mundo quiere, aunque lo digan de forma distinta. La verdad o sabiduría es el deseo superior de todo hombre; esto cae bajo la clasificación de "expresión". Deseas expresar cada vez más a Dios aquí y ahora.

A través de tus privaciones, limitaciones y problemas creces en la Luz de Dios y te descubres a ti mismo. No hay otra forma por la cual podrías hacerlo.

Si no pudieras usar tus poderes de dos maneras, nunca podrías descubrirte a ti mismo. Tampoco podrías concluir que haya una ley que te gobierna. Si se te obligara a ser compasivo o a amar, eso no sería amor. Entonces serias un maniquí. Tienes libertad para amar porque puedes dar o recibir el amor. Si se te obligara a amar, seo no sería amor. ¿No te sientes complacido cuando alguna mujer te dice que te ama y te desea? Te ha preferido entre todos los hombres del mundo. No *tiene* que amarte. Si estuviera obligada a amarte, no te sentirías halagado o feliz.

Posees la libertad de ser un asesino o un santo. Hubo gente que decidió elegir el bien y los admiramos por su elección. Si creemos que los acontecimientos, las condiciones, las circunstancias, la edad, la raza, la educación religiosa o el entorno en donde nos criamos pueden hacer que se nos quite la posibilidad de lograr una vida feliz y próspera, somos ladrones. Todo lo que se precisa para expresar felicidad y prosperidad es *sentirse* feliz y próspero. La emoción de la riqueza produce riqueza. Los estados de consciencia se exteriorizan. Es por eso que se dice: "Todo lo que siempre se aparecía ante mí (sensación) eran ladrones". La sensación es la ley, y la ley es la sensación.

Tu deseo de prosperidad es en verdad la promesa de Dios que te dice que Sus riquezas son tuyas; acepta esta promesa sin ninguna moderación mental.

Quimby contrastaba la plegaria con un abogado que defiende un caso ante el juez. Este genio de las leyes de la mente decía que podía probar que el defendido no era culpable como se le acusaba, sino que era victima de mentiras e ilusorias creencias. Eres el juez; presentas tu propio dictamen, luego se te libera. Los pensamientos negativos de carencia, pobreza y fracaso son falsos; son mentiras, no existe nada que los respalde.

Sabes que hay un sólo Poder espiritual, una causa primera y, entonces, dejas de otorgarle poder a las condiciones, circunstancias y opiniones de los hombres. Dale todo el Poder al Poder Espiritual que hay dentro de ti, sabiendo que responderá a tu pensamiento de abundancia y prosperidad. Reconocer la superioridad del Espíritu interior y el Poder de tu propio pensamiento o imagen mental es el camino hacia la abundancia, la libertad y la provisión persistente. Acepta la vida abundante en tu propia mente. Tu aprobación mental y la expectativa de la riqueza tienen su propia matemática y mecanismo de expresión. A medida que te predispones a la opulencia, empezarán a pasar todas las cosas necesarias para una vida abundante.

Ahora eres el juez que llega a la decisión en la corte de tu mente. Como Quimby, has producido evidencia irrefutable que demuestra cómo trabajan las leyes de tu propia mente y ahora estás libre de miedos. Has matado todo el temor y los pensamientos supersticiosos de tu mente y les has mutilado las cabezas en pedazos. El miedo es la señal para la acción; en verdad no es malo; te dice que te dirijas hacia el opuesto, que es la fe en Dios y en todos los valores positivos.

Deja que esta sea tu oración diaria; escríbela en tu corazón: "Dios es la fuente de mi provisión. Tal provisión es ahora mía. Sus riquezas fluyen hacia mí de manera libre, cuantiosa y abundante. Soy para siempre consciente de mi verdadero valor. Brindo abiertamente mis talentos y se me compensa de forma maravillosa y divina. ¡Gracias Dios!"

El camino hacia las riquezas

Las riquezas corresponden a la mente. Creamos por un momento que a un médico le roban el diploma junto con el equipo de su despacho. Estoy seguro de que estarías de acuerdo en que su riqueza reside en su mente. A pesar del robo podría seguir y diagnosticar enfermedades, recetar, operar y dar conferencias en materia médica. Simplemente le robaron sus símbolos; en cualquier momento puede obtener más materiales. Sus riquezas vivían en su capacidad mental, su conocimiento para ayudar a otros y su habilidad para ayudar a la humanidad en general.

Siempre que tengas un agudo deseo de contribuir al bien de la humanidad serás rico. Tus impulsos de servir, es decir, de brindar tus talentos al mundo, siempre hallarán respuesta en el corazón del universo.

Durante la crisis económica de 1929, conocí a un hombre en Nueva York que había perdido todo lo que poseía, inclusive su casa y los ahorros de toda una vida. El encuentro se dio después de una charla que di en uno de los hoteles de la ciudad. Me dijo lo siguiente: "Perdí todo. Forjé millones de dólares en cuatro años y los haré nuevamente. Todo lo que perdí es un símbolo. Puedo atraer otra vez el símbolo de la riqueza de la misma forma que la miel atrae a las moscas".

Durante muchos años seguí la carrera de este hombre para descubrir la clave de su éxito. La misma podrá parecerte rara, sin embargo es muy vieja. El nombre que él le daba a esa clave era: "¡Convertir el agua en vino!" Había leído este trozo de la Biblia y supo que era la contestación para la salud perfecta, la felicidad y la prosperidad.

El *vino* en la Biblia siempre significa hacer realidad los deseos, ganas, planes, sueños, proposiciones, etc. En otras palabras, son las cosas que quieres lograr, conseguir y llevar adelante.

El *agua* en la Biblia se refiere por lo general a la mente o la consciencia. Este elemento toma la forma de cualquier recipiente en donde se vierte; de la misma forma, lo que sea que sientas y creas como verdad se manifestará en el mundo; de esta forma siempre estás convirtiendo el agua en vino.

La Biblia enseña psicología de la vida diaria y una forma de vivir. Uno de los principios cardinales de la Biblia es que estableces, creas y moldeas tu propio destino por medio de las creencias, pensamientos y sentimientos correctos. Te enseña que puedes solucionar cualquier problema, superar cualquier escenario y que has nacido para tener éxito, para ganar y triunfar. Para descubrir el Camino Real hacia las Riquezas y recibir la fuerza y la seguridad precisas para progresar en la vida, debes dejar de ver la Biblia de la forma tradicional.

El hombre de la historia anterior, que estaba en crisis económica, solía decirse a sí mismo habitualmente durante la época en que no poseía dinero: "¡Puedo convertir el agua en vino!" Para él, estas palabras simbolizaban: "Puedo cambiar las ideas de pobreza en mi mente por hacer realidad mis deseos presentes, que son la riqueza y el abastecimiento económico".

Su condición mental (agua) era: "Una vez hice fortuna honradamente. La voy a hacer de nuevo (vino)". La afirmación que usaba en forma habitual consistía en decir: "Atraje el símbolo (dinero) una vez, lo estoy atrayendo una vez más. Lo sé y siento que es verdad (vino)".

Este hombre se puso a trabajar como vendedor de una empresa química. Se le ocurrieron ideas para un mejor impulso de los productos y se las pasó a la empresa. No transcurrió mucho tiempo hasta que llegó a vicepresidente *y* en cuatro años la empresa lo designó presidente. Su actitud mental constante era: "¡Puedo convertir el agua en vino!".

La ley que demostró es la de acción y reacción. Significa que tu mundo externo, tu cuerpo, tus eventos, medio ambiente y estatus económico siempre son reflejo perfecto de tus creencias, pensamientos, sentimientos y opiniones.

Como esto es verdad, puedes cambiar tus esquemas internos de pensamiento al meditar sobre la idea del éxito, la riqueza y la paz mental. A medida que domines la mente con estos últimos conceptos, las ideas poco a poco se meterán en ella como semillas que se alojan en la tierra. Como toda semilla (los pensamientos y las ideas) crecen según su especie, de la misma forma aquello que piensas y sientes generalmente se manifiesta en prosperidad, éxito y paz mental. Al pensamiento sabio (acción) le sigue la acción correcta (reacción).

Puedes lograr riquezas cuando te vuelves consciente del hecho de que la plegaria es una cena de bodas. La *cena* es psicológica, meditas sobre *(*o te alimentas mentalmente de) tu propio bien o tu deseo hasta que te tornas *uno* con él.

Contaré ahora, la historia de un caso de mis archivos acerca de la manera en que una muchacha llevó a cabo su primer milagro de transformar "agua en vino". Ella administraba un hermoso salón de belleza, pero su madre se enfermó y tuvo que dedicar mucho tiempo al hogar, por lo cual, desatendió su negocio. Durante su alejamiento dos de sus asistentes falsearon dinero, por lo cual cayó en bancarrota, perdió su casa y contrajo grandes deudas. No podía pagar las cuentas del hospital de su madre y tampoco tenia trabajo.

Le expliqué a esta mujer la fórmula mágica de convertir el agua en vino. Otra vez le dejarnos en claro que el *vino* simboliza la respuesta a una plegaria o la realización de su ideal.

Ella se peleaba con el mundo exterior. Decía: "Observa los hechos: perdí todo. Es un mundo desalmado. No puedo pagar mis cuentas y no rezo porque he perdido la fe". Estaba tan abstraída en el mundo material que ignoraba por completo la causa interna de su situación. A medida que fuimos hablando, empezó a comprender que debía resolver la disputa dentro de su cabeza.

No importa cuál sea tu deseo o ideal al leer este libro, también hallarás en tu mente algún pensamiento o idea que se le opone. Por ejemplo, puede que quieras salud, pero tal vez haya muchos pensamientos de este tipo en tu cabeza en forma paralela: "No me pueden sanar. He tratado pero no sirve, empeora cada vez más". "No sé lo bastante sobre sanación espiritual por medio de la mente".

A medida que te estudias a ti mismo, ¿no juegas un juego de tira y afloja en la cabeza? Al igual que esta muchacha, crees que el medio ambiente y los asuntos externos desafían tu deseo de expresión, riqueza y paz mental.

La verdadera plegaria es una cena de bodas mental y nos enseña a todos cómo resolver el problema en ese mismo campo. En la plegaria, "escribes" en tu propia mente lo que en verdad *crees*. Dijo Emerson: "El hombre es lo que piensa durante todo el día". Por medio de tu pensamiento general estableces tus propias leyes mentales acerca de tus creencias. Al repetir una determinada serie de pensamientos instauras opiniones y creencias concluyentes en la mente más profunda, llamada subconsciente; después tales creencias, opiniones y conceptos aceptados dirigen y controlan todas las acciones externas. Entender esto y comenzar a emplearlo es el primer paso para convertir "el agua en vino" o transformar la carencia y la limitación en abundancia y riqueza. El hombre que no es consciente de su propio poder espiritual está por lo tanto, sometido al inconsciente colectivo, la carencia y la limitación.

Ahora abre tu Biblia y lleva a cabo tu primer milagro como lo hizo esta experta en belleza. Puedes hacerlo. Si lees la Biblia solamente como un suceso histórico te perderás la mirada espiritual, mental y cientifica de las leyes sobre las cuales hablamos en este libro.

Cuando quieres lograr algo corno lo que quería esta joven, como hallarás trabajo, sustento y una salida a tus problemas, te aparecen menciones a la carencia, tales como: "No hay esperanza. Todo está perdido. No lo puedo lograr, es irreparable". Ésa es la voz del mundo exterior que te dice: "No hay vino". O "Observa los hechos". La que habla es tu sensación de carencia, limitación o esclavitud.

¿Cómo te afrontas al desafío de las condiciones y las circunstancias? Por lo pronto, estás conociendo las leyes de la mente, que son las siguientes: "De la misma manera en que pienso y siento en mi interior, así es mi mundo exterior; es decir, mi cuerpo, finanzas, medio ambiente, situación social y todas las facetas de mi relación externa con el mundo y los hombres". Tus formas y movimientos mentales internos rigen, controlan y dirigen el plano externo de tu vida.

La Biblia dice: "Cual es el su pensamiento en su alma, tal es él". *Alma* es una palabra templada que significa mente subconsciente. En otras palabras, tu pensamiento debe llegar a niveles subjetivos al llamar al poder de tu ser subliminal.

El pensamiento y el sentimiento son tu destino. El pensamiento lleno de sentimiento e interés siempre se torna subjetivo y se manifiesta en tu mundo. La *plegaria es* un matrimonio del pensamiento y la emoción; o de tu idea y tu emoción; es esto lo que la cena de bodas hace que se relacione.

Cualquier idea o deseo de la mente que se sienta real, llegará a ocurrir, ya sea bueno, malo o indiferente. Conocer ahora la ley de que aquello que percibas y sientas en tu mente lo expresarás, mostrarás o experimentarás en el mundo exterior, comenzando a disciplinar dicha mente.

Cuando las insinuaciones a la carencia, el miedo, la duda o la desesperanza (vino no tienen) aparezcan en tu cabeza, recházalas de manera inmediata orientando la atención mental en la respuesta a tu plegaria o el cumplimiento de tu deseo.

Una insinuación a la carencia no tiene poder; el poder está en tu propio pensamiento y sentimiento.

¿Qué significa Dios para ti? *Dios* es el Nombre que se le proporcionó al Poder Espiritual Único. *Dios* es la Fuente Única e Invisible desde la Cual vienen todas las cosas.

Cuando tus pensamientos son provechosos y armoniosos, el Poder Espiritual que responde a tu pensamiento fluye de manera armoniosa, saludable y abundante. Practica la maravillosa disciplina de rechazar por completo cada pensamiento de falta al reconocer inmediatamente la disponibilidad del Poder Espiritual y su respuesta a tu manera provechosa de pensar e imaginar.

Leemos: "Todavía ha llegado mi hora". Esto quiere decir que aunque no hayas llegado a una certeza o estado mental positivo, sabes que, mentalmente, estás en camino, porque enfocas tus pensamientos a ideales, metas y objetivos positivos en la vida. Aquello en lo que medite la mente -lo que sea-, se duplica, magnifica y crece, hasta que dicha mente se vuelve capaz de un nuevo estado de consciencia. Entonces estará limitado en forma positiva, en tanto que antes lo estabas de manera negativa.

El hombre espiritual que reza va desde

un estado mental predispuesto a la falta hacia un estado predispuesto a la paz, la confianza y el Poder Espiritual que hay dentro de sí. Ya que su fe y su confianza están en el Poder Espiritual, su madre (sentimientos y predisposición) reconoce una sensación de éxito o victoria; esto transportará la solución o la respuesta a tu plegaria.

La tinajas de la historia de la Biblia se refieren a los ciclos mentales por los que pasa el hombre para alcanzar la realización subjetiva de su deseo. La suma del tiempo puede ser un momento, una hora, una semana o un mes; esto depende de la fe y el estado de consciencia del estudiante.

En la plegaria debemos limpiar nuestra mente de las falsas creencias, el temor, la duda y la ansiedad al desapegarnos por completo de la evidencia de los sentidos y el mundo externo.

En la paz y tranquilidad de tu mente, en donde has calmado los mecanismos de tu pensamiento, medita sobre la alegría de la plegaria que será respondida, hasta que llegue la certeza interna, por la cual *sabes que sabes*. Cuando has tenido éxito al ser *uno* con tu deseo, has ganado en tu matrimonio mental o la unión de tus sentimientos con tus ideas.

Estoy seguro de que, en este preciso instante, en tu mente quieres contraer matrimonio (ser uno con) la salud, armonía, éxitos y logros. Cada vez que rezas tratas de llevar a cabo la *cena de bodas* (la realización de tus deseos o ideales). Quieres asemejarte mentalmente con los conceptos de paz, éxito, bienestar y perfecta salud.

"Llenáronlas hasta arriba" *Las seis tinajas* simbolizan tu propio estado mental en el acto creativo mental y espiritual. Debes llenar tu mente *hasta arriba,* lo que significa que debes estar lleno de la sensación de que eres lo que deseas ser. Cuando tienes éxito en llenar tu mente con el ideal que quieres conseguir o expresar, estás lleno hasta arriba; luego dejas de rezar por ese objetivo pues sientes que ya es real en tu mente. ¡Lo *sabes!* Es un estado de consciencia terminado. Estás en paz con él.

Lo que fuere que está impregnado en nuestra mente subconsciente siempre se realiza en la pantalla del espacio; en consecuencia, cuando entramos en un estado de convicción de que nuestra plegaria recibirá respuesta hemos dado la orden principal.

Durante el día, miles de pensamientos, sugerencias, opiniones, sonidos e imágenes llegan a tus ojos y a tus oídos. Según prefieras, puedes tenerlos en consideración o rechazarlos por no ser aptos para consumo mental. Tu mente consciente, intelectual y racional es el servidor de la fiesta. Cuando de manera consciente elijes considerar, meditar, imaginar el deseo de tu corazón como verdadero, éste se torna una encarnación viviente y una parte de tu mentalidad, de manera tal que tu ser más profundo hace que ese deseo brote o se exprese. En otras palabras, lo que se graba de manera subjetiva se expresa de manera objetiva. Tus sentidos o tu mente consciente ven la materialización de tu propia bien. Cuando la mente racional (consciente) toma conciencia del "agua convertida en vino", también lo hace de la plegaria atendida. Al *agua* también se le puede decir el poder espiritual invisible, sin forma, la consciencia incondicionada. El *vino* es la consciencia condicionada o la mente que da origen a sus creencias y convicciones.

Dr. Joseph Murphy

Los sirvientes que recogen agua para ti simbolizan la predisposición para la paz, la confianza y la fe. De acuerdo a tu fe o tus sentimientos, tu propio bien es atraído y conducido hacia ti. Debes infundirte y enamorarte de los principios espirituales que se muestran en este libro.

El amor es la ejecución de la ley. El amor es en realidad apego emocional, una sensación de unidad con tu propio bien. Debes ser fiel a aquello que *amas*. Debes ser fiel a tu objetivo o ideal. No somos leales a aquello que amamos cuando imaginamos otros matrimonios mentales o coqueteamos con el temor, la duda, la preocupación, la ansiedad o las falsas creencias. El amor es un estado de unidad, un estado de completitud. (Ver el libro del mismo autor *Love is freedom*)

Cuando le explicaron este simple hecho a la especialista en belleza antes mencionada, se volvió, rica mentalmente. Lo entendió y lo puso en práctica en su vida. Rezó de la siguiente manera: sabía que el *agua* (su propia mente) fluiría y llenaría todas las *tinajas vacías* en respuesta a su propia manera de pensar y sentir.

Por la noche, esta persona se quedaba

muy quieta y serena, relajaba el cuerpo y comenzaba a usar imágenes constructivas. Los pasos que daba eran los siguientes:

Primer paso: empezaba a imaginarse que el gerente del banco local la felicitaba por los fantásticos depósitos que realizaba. Seguía imaginando esa situación durante unos cinco minutos.

Segundo paso: en su imaginación escuchaba que su madre le decía: "Estoy tan contenta por tu nueva situación". Seguía escuchándola decir eso en un estado de felicidad y alegría por unos tres a cinco minutos.

Tercer paso: se imaginaba realmente que, quien escribe, estaba frente a ella celebrando su ceremonia de bodas. La mujer me escuchaba decir como ministro oficiante: "Yo os declaro marido y mujer". Para acabar esa rutina se iba a dormir sintiéndose colmada, es decir, con la alegre sensación de que la plegaria había sido contestada.

Nada pasó durante tres semanas; de hecho las cosas empeoraron, pero persistió. Se negaba a aceptar un "No" por respuesta. Sabía que, para crecer espiritualmente, también debía llevar a cabo el primer milagro cambiando su temor por fe y su predisposición a la carencia por la abundancia y la prosperidad, reconduciendo su consciencia (agua) hacia las condiciones, circunstancias y experiencias que quería expresar.

La Conciencia o la Consciencia, el hecho de Existir, el Principio, el Espíritu o cualquier Nombre que quieras darle, es el principio de todo; es la única Presencia y Poder. El Poder Espiritual o el Espíritu dentro de nosotros es la causa y el fondo de todas las cosas. Todo: los pájaros, los árboles, las estrellas, el sol, la luna, la tierra, el oro, la plata y el platino son sus expresiones. Es la causa y la sustancia de todas las cosas. "No hay nada más".

Al entender esto, ella sabía que el *agua* (la consciencia) podría proveerla en forma de dinero, un lugar real o autoexpresión verdadera, salud para su madre, así como también, compañía y plenitud en la vida, Pudo observar estas verdades simples -aunque profundas- en un abrir y cerrar de ojos, y me dijo: "*Acepto* mi propio bien". Sabía que nada se nos esconde; la totalidad de Dios está dentro de nosotros, esperando que la descubramos y que expongamos nuestras preguntas.

En menos de un mes esta joven mujer se casó. Quien esto escribe llevó cabo la ceremonia. Articulé las palabras que ella me había oído decir una y otra vez cuando estaba en estado meditativo y relajado: *"¡Os declaro marido y mujer!"*

El marido le facilitó un cheque por 24.000 dólares como regalo de bodas y también un viaje alrededor del mundo. Su nueva manera de expresión coma especialista en belleza, fue hermosear su casa y su jardín y hacer que el desierto de su mente cobrara vida y floreciera cómo una rosa

Convirtió el "agua en vino". El *agua* de su consciencia se cargó o se estableció debido a su constante creación de imágenes verdaderas y felices. Estas imágenes, cuando se sostienen de manera regular, sistémica y con fe en el perfeccionamiento de los poderes de la mente más profunda, saldrá de la oscuridad (mente subconsciente) hacia la luz (materializadas en la pantalla del espacio).

Existe una regla importante: no muestres esta película recién revelada a la destructiva luz del temor, la duda, la depresión o la preocupación. Cuando la preocupación o el temor llamen a la puerta, retorna de inmediato a la película que revelaste en tu cabeza y dite: "En este instante, una hermosa película se está revelando en el cuarto oscuro de mi mente". Vuelca mentalmente sobre esa película tu entendimiento y tu sensación de alegría y de fe. Sabes que has puesto en práctica una ley psicológica y espiritual; ya que lo que se graba en tu mente se enunciará. ¡Es maravilloso!

La siguiente es una manera segura de desarrollar *y* manifestar todas las riquezas materiales y las provisiones que precises durante todos los días de tu vida. Si empleas esta fórmula de forma sincera y honesta, se te recompensará ampliamente en el plano exterior. La relataré contando la historia de un hombre con grandes apuros económicos que vino a visitarme a Londres. Era miembro de una comunidad religiosa de Inglaterra y había estudiado hasta cierto punto el funcionamiento de la mente subconsciente.

Le dije que aseverara de forma frecuente durante el día: "Dios es la fuente de lo que recibo y todas mis necesidades se cubren a cada momento y en cada punto del espacio". Piensa también en toda la vida animal que coexiste en el mundo y en todas las galaxias del universo de los cuales la Inteligencia Infinita cuida en este instante. Nota cómo la naturaleza es generosa, pródiga y abundante. Piensa en los peces del mar a quienes se les da sustento, ¡así como a las "aves de los cielos"!

Empezó a darse cuenta de que desde su nacimiento había recibido cuidados: su madre lo había nutrido, su padre lo había vestido y los dos lo habían criado con ternura y amor. Este hombre obtuvo un empleo y le pagaban de maravilla. Dedujo que era ilógico pensar que el Principio de Vida que le había proporcionado la vida misma y siempre lo había cuidado, de pronto le dejara de responder.

Se dio cuenta de que había cortado su propio sostén al estar resentido con su jefe, por auto condenarse, criticarse y por su propia sensación de falta de valor. Psicológicamente había lastimado el cordón que lo unía a la Fuente Infinita de todas las cosas, el Espíritu que Mora en el Interior o Principio de Vida al que algunos llaman "Consciencia Conciencia".

El hombre no se alimenta como los pájaros; debe estar en relación consciente con el Poder y la Presencia que Mora en el Interior y recibir guía, fuerza, vitalidad y todo lo imprescindible para cubrir sus necesidades.

He aquí la fórmula que usó para convertir el agua en el vino de la abundancia y el hito económico. Se dio cuenta de que Dios o el Poder Espiritual dentro de sí eran la raíz de todo; aún más, se dio cuenta de que si podía consentir la idea de que la riqueza era suya por derecho Divino, manifestaría una abundancia de abastecimientos.

La afirmación que usó fue: "Dios es la fuente de lo que recibo. Todas mis necesidades económicas y de otro tipo están cubiertas a cada instante y lugar en el espacio; hay siempre un excedente Divino". Esta sencilla frase, repetida en forma constante, intencionada e inteligente, determinó, a su mente para llegar a una consciencia de prosperidad.

Todo lo que debía que hacer era aceptar él mismo esta idea positiva, de la misma forma que un buen vendedor tiene que aceptar el valor de su producto. Tal persona está convencida de la rectitud de su empresa, de la alta calidad del producto, del buen servicio que le proporciona al cliente, del hecho de que el precio es justo, etc.

Le dije que, cuando los pensamientos negativos tocaran su mente -lo cual iba a pasar- no peleara ni discutiera con ellos en forma alguna, sino que simplemente retornara a la fórmula mental y espiritual y se la repitiera de manera tranquila y amorosa, A veces los pensamientos negativos le llegaban en avalancha, en forma de una ola de negatividad. Cada vez los retaba con la convicción positiva, firme y fiel: "Dios cubre todas mis necesidades; siempre hay un excedente Divino en mi vida".

Me dijo que, cuando manejaba su coche o se dedicaba a su rutina diaria, de vez en cuando un montón de conceptos negativos irrumpían su mente, tales como: "No hay". "Estás sin un centavo". Cada vez que esos pensamientos negativos surgían, rechazaba admitirlos y se volvía a la Fuente Eterna de la riqueza, la salud y todas las cosas que sabía que correspondían a su propia conciencia espiritual. En forma definitiva y positiva afirmaba: "Dios es la fuente de mis provisiones y ¡esas provisiones son ahora mías!" o "Hay una solución Divina. La riqueza de Dios es mi riqueza" y otras afirmaciones positivas que llenaban su mente con esperanza, fe, expectativa y, en última instancia, con una autosugestión de que hay una Fuente de riquezas que proporciona por siempre todas sus necesidades en forma copiosa y feliz.

La ola de pensamientos negativos podía surgirle hasta unas cincuenta veces por hora: cada vez se rehusaba a abrirles la puerta de su mente a estos gánsteres, asesinos y ladrones que sabía que tan sólo le robarían la paz, la riqueza, el éxito y todas las cosas buenas. En lugar de eso le abría la puerta de su mente a la idea de las despensas que vienen del Principio de Vida Eterna de Dios y que manan a través de él cómo riqueza, salud, energía, poder y todas las cosas precisas para tener una vida plena y feliz en la tierra.

A medida que siguió haciendo esto, al segundo día no golpearon tantos ladrones a su puerta: al tercer día, el flujo de visitas negativos era menor; al cuarto día venían de manera intermitente, a la espera de ser admitidos, pero recibían la misma respuesta mental: "¡No se puede pasar!

¡Sólo admito pensamientos y conceptos que activen, curen, bendigan e inspiren a mi mente!"

Volvió a establecer su consciencia o su mente hacia la consciencia de la riqueza: "Viene el príncipe de este mundo; mas no tiene nada en mí" Esta frase le dice a tu mente que los pensamientos negativos, tales cómo el temor, la escasez, la preocupación, la ansiedad, llegaron, pro no adoptaron respuesta de tu mente. Ahora era inmune, estaba alumbrado por Dios y tornado por una fe divina en la consciencia de la abundancia y del sustento económico que se difunden en forma eterna. Este hombre no perdió todo, tampoco cayó en quiebra. Le dilataron el crédito; su negocio mejoró: se le abrieron nuevas puertas y prosperó.

Recuerda siempre que durante el proceso de la plegaria debes ser leal a tu ideal, a tu propósito y objetivo. Mucha gente no logra llevar a la realidad la riqueza y el éxito económico, porque rezan en dos formas. Afirman que Dios los provee y que son divinamente prósperos, pero pocos momentos después niegan su propio bien al decir: "No puedo pagar esta cuenta", "No puedo pagar esto o aquello" o se dicen: "Me acosa una maldición". "No puedo llegar a fin de mes". "Jamás tengo lo suficiente". Todas estas afirmaciones son altamente destructivas y equilibran tus plegarias positivas.

Esto es lo que se llama "rezar en dos sentidos".

Debes ser leal a tu plan o a tu objetivo. Debes ser fiel a tu conocimiento del Poder Espiritual. Deja de llevar a cabo matrimonios desfavorables, es decir, de unirte a los pensamientos negativos, los temores y las preocupaciones.

La plegaria es como un capitán que dirige el curso de su barco. Debes tener un destino. Debes saber hacia donde vas. El capitán del barco, al estar al tanto de las reglas de la navegación, ajusta el camino de acuerdo a eso, Si el barco se sale del camino a causa de tormentas u olas rebeldes, con calma lo reconduce hacia su curso original.

Tú eres el capitán en el puente de mando y eres quien das las ordenanzas en forma de pensamientos, sentimientos, opiniones, credos, predisposiciones y tonos de voz mentales. Conserva la vista en el mástil;

¡Te diriges hacia donde va tu vista! Por lo tanto, deja de observar los obstáculos, retrasos y dificultades que harían que te salgas de tu rumbo. Sé preciso y seguro. Decide hacia dónde vas. Debes saber que tu actitud mental es el buque que te lleva desde tu predisposición a la carencia y la limitación hacia la predisposición y sensación de riqueza, y a la creencia en que la inevitable ley de Dios marcha a tu favor.

Quimby, que era médico, grandioso estudiante y maestro de las leyes mentales y espirituales, decía: "El hombre actúa como actúan con él". ¿Qué es lo que te moviliza en este instante? ¿Qué es lo que establece tu respuesta ante la vida? La respuesta es la siguiente: tus ideas, creencias y opiniones activan tu mente y te condicionan hasta el punto en que te tornas, como decía Quimby, "Una expresión de tus creencias". Esto muestra la verdad de la afirmación de Quimby: "El hombre es la expresión de la creencia".

Otra afirmación famosa de Quimby era: "Nuestras mentes se mezclan como atmósferas y cada persona tiene su identidad en esa atmósfera". Cuando eras niño, estabas sometido al humor, los sentimientos, las creencias y a la atmósfera mental general de tu hogar. Los temores, ansiedades, cábalas, así como también la fe y las convicciones religiosas de tus padres se estamparon en tu mente.

Supongamos que un niño se ha criado en un hogar alterado por la pobreza, en el cual nunca había bastante con respecto a lo económico: este niño escuchaba en forma persistente la queja sobre la escasez y la limitación.

Podrías decir, como Salter en su terapia de reflejo condicionado, que el niño estaba condicionado a la pobreza. El joven puede poseer un complejo de pobreza basado en sus creencias, educación y rutinas tempranas, pero puede elevarse sobre cualquier escenario y volverse libre; esto se logra a través del poder de la plegaria.

Conocí a un jovencito de diecisiete años que había nacido en Nueva York, en un lugar llamado "Hell's Kitchen" ("La cocina del infierno") Escuchó algunas de las pláticas que di en aquel entonces en la misma ciudad, en Steinway Hall. Este joven se dio cuenta de que había sido víctima del pensamiento destructivo y negativo y de que, si no lo reconducía hacia canales constructivos, la mente reunida, con sus miedos, fracasos, celos y odio se instalaría en él y lo controlaría. "El hombre actúa según actúan con él".

Es obvio, como Quimby sabía, que si el hombre no se hace cargo de su propia casa (mente), la propaganda, las creencias falsas, los temores y las preocupaciones del mundo de los fenómenos actuará sobre él como un hechizo hipnótico.

Estamos metidos en el inconsciente colectivo que cree en la enfermedad, la muerte, la desgracia, el fracaso, los accidentes y desastres varios.

Este joven decidió pensar y planear por sí mismo. Resolvió tomar el Camino Real hacia las Riquezas al aceptar la abundancia de Dios aquí y ahora y colmar su mente con conceptos y percepciones espirituales. Sabía que, a medida que hiciera esto, automáticamente despediría fuera de su mente todos los patrones negativos.

Adoptó un proceso sencillo llamado "imaginación científica". Tenía una voz hermosa, pero no la había ejercitado ni desarrollado. Le dije que la imagen a la que él le prestara atención en sus pensamientos se desarrollaría en su mente más profunda y llegaría a hacerse realidad. Comprendió que esto era una ley mental, una ley de acción y reacción, es decir, la respuesta de la mente profunda a la imagen que se mantiene en la mente consciente.

Este joven se sentaba tranquilo en su habitación, aflojaba el cuerpo y se imaginaba vívidamente a sí mismo cantando frente a un micrófono. En verdad estiraba la mano para "tocar" el instrumento. Me escuchaba felicitarlo por su increíble contrato y decide lo magnifica que era su voz. Al prestarle atención y mostrarle fervor a su propia imagen mental de manera regular y sistemática se le estableció una profunda impresión en la mente subconsciente,

Transcurrió un corto tiempo y un profesor de canto italiano que residía en Nueva York empezó a darle clases gratis varias veces a la semana, porque veía sus posibilidades. Obtuvo un contrato por el cual viajó al exterior para cantar en salones de Europa, Asia, Sudáfrica y otros lugares. Se terminaron sus preocupaciones económicas, ya que además recibía un excelente sueldo. Su verdadera riqueza la constituyeron sus talentos escondidos y su habilidad para ponerlos en juego. Estos talentos y poderes que existen dentro de nosotros nos los ha proporcionado Dios; pongámoslos en juego.

Alguna vez te has preguntado: "¿Cómo puede ser más útil a mis semejantes?" "¿Cómo puedo aportar más a la humanidad?"

Uno de mis amigos, un consejero, me dijo que en sus primeros tiempos sufrió problemas económicos. Su técnica o proceso fue esta simple plegaria que le anduvo de maravilla: "Dios me revela maneras mejores de mostrar Sus verdades a mis semejantes". El dinero le llovió; la hipoteca se costeó en unos pocos años y desde ese instante nunca más se preocupó por lo económico.

Al leer este capítulo estás aprendiendo que las sensaciones internas, la predisposición y las creencias de un hombre controlan y rigen su mundo externo. Los movimientos internos de la mente intervienen los movimientos externos. Para cambiar el exterior, debes cambiar el interior.

Por ejemplo, si estás enfermo, estás revelando un patrón mental y emocional que es la fuente de la enfermedad. Si estás enojado o si recibes noticias malas, date cuenta de cómo revelas esto en tu rostro, tus ojos, tus gestos, tu tono de voz, además de en tu forma de andar y tu postura. De hecho, tu cuerpo entero muestra tu angustia interna. Por supuesto que por medio de la disciplina mental y la plegaria, podrías permanecer totalmente cuerdo, calmo y sereno y rechazar el hecho de revelar tus sentimientos o tus estados mentales escondidos. Podrías decretarle a los músculos de tu cuerpo que se relajen, y estén tranquilos y quietos; deberían obedecerte. Tus ojos, rostro y labios no deberían mostrar signos de dolor, ira o agotamiento. Pos otro lado, con un poco de disciplina, por medio de la plegaria y la meditación, podrías invertir toda la situación. Aun cuando hayas recibido noticias perturbadoras, sin importar su gravedad, podrías demostrar felicidad, paz, relajación y una naturaleza vibrante y optimista. Nadie nunca sabría que recibiste las supuestas malas noticias.

No importa el tipo de noticias que hayas recibido hoy; podrías ir al espejo, observarte la cara, los labios, los ojos y gestos al mismo tiempo que te imaginas y te dices a ti mismo que te ha llegado la noticia de que recibiste una gran fortuna. Represéntalo, siéntelo, embriágate con ello y nota cómo todo el cuerpo responde al entusiasmo interno.

Puedes invertir cualquier situación a través de la plegaria. Ocupa tu cabeza con los conceptos de paz, éxito, riqueza y alegría. Identifícate con estas ideas de manera mental, emocional y pos medio de imágenes.

Hazte un cuadro de ti mismo como quisieras ser; reserva esa imagen, sostenla con alegría, fe y perspectiva; finalmente tendrás éxito en apreciar su manifestación.

A las personas que me preguntan sobre sus carencias económicas les digo que se "casen con la riqueza". Algunos captan el punto, otros no. Aquello que imaginas y crees es a lo que le darás concepción. Si crees que el mundo es cruel, rudo y hostil y que la vida es un "comerse unos a los otros", ese *es tu propio* concepto; e casaste con él y vas tener descendencia o resultados dependiendo de csc matrimonio. La descendencia de semejante matrimonio o creencia mental serán las condiciones, experiencias y circunstancias junto con todos los otros sucesos de tu vida. Todas tus experiencias y reacciones ante la vida serán la imagen y semejanza de las ideas que las crearon.

Observa todas las esposas con las que vive el hombre medio, tales como el temor, la duda, la ansiedad, la crítica, los celos, el enojo; éstas le desordenan la mente. Cásate con la riqueza al solicitar, sentir y creer: "Dios suministra todas mis necesidades sean sus riquezas en la perfección". O toma la siguiente afirmación y repítela una y otra vez con intención hasta que tu consciencia se condicione de acuerdo a ella o hasta que se vuelva parte de tu meditación: "Me expreso a través de lo Divino y tengo excelentes ingresos". No lo digas como un loro, debes saber que el hilo de tus pensamientos se esculpe en la mente profunda y se torna un estado de consciencia condicionado. Haz que la frase cobre significado para ti. Derrama vida, amor y sentimiento sobre ella, haz que cobre vida.

Uno de los estudiantes de mi clase abrió últimamente un restaurante. Me llamó por teléfono y me dijo que se había casado con él; me quiso decir que había decidido ser muy exitoso, perseverante, rápido y ver que su negocio progresara. La *esposa* (mental) de este hombre era su creencia en la concreción de su deseo.

Identifícate con el objetivo de tu vida y termina tus matrimonios mentales con la crítica, la auto condena, el enojo, el temor y la preocupación. Préstale atención al ideal que elegiste; cárgate de fe y confianza en la inevitable ley de la prosperidad y el éxito. No lograrás nada si amas tu ideal durante tan sólo un minuto y lo niegas al siguiente; eso es como mezclar ácido con alcalino: te resultará una sustancia inerte. Al transitar el Camino Real hacia las Riquezas, debes ser leal al ideal que elegiste (tu esposa).

En la Biblia pueden hallarse pasajes que cuentan estas mismas verdades. Por ejemplo: "Eva salió de la costilla de Adán". *Tu costilla* es tu deseo, idea, plan, meta o propósito en la vida.

Eva significa la emoción, la naturaleza sensible o lo interno. En otras palabras, debes cuidar la idea en forma maternal. La debes acariciar, amar y sentir como verdad, para que se manifieste tu objetivo en la vida.

La *idea* es el padre; la emoción es la madre; ésta es la cena de bodas que se lleva a cabo todo el tiempo en tu mente. Ouspnsky relataba el tercer elemento que aparecía o se formaba luego de la unión del deseo y del sentimiento. Lo llamó el elemento neutral. Por nuestra parre podemos llamarlo "paz", ya que Dios es Paz.

Dice la Biblia: "Y el principado sobre su hombro". En otras palabras, deja que la Sabiduría Divina sea tu guía.

Deja que la Sabiduría subjetiva te rija y te guie en todos tus caminos. Ofrece m pedido a esta Presencia que Mora en el Interior, con la seguridad en el corazón y en el alma de que disipará la ansiedad, sanará la herida y restaurará tu alma para que tenga justicia y tranquilidad. Abre tu mente y tu corazón y di: "Dios es mi guía. Él me muestra el camino, me hace prosperar y es mi consejero". Haz que tu plegaria por las mañanas y por las noches sea: "Soy un canal por medio del cual las riquezas de Dios manan sin cesar, en forma libre y abundante" Escribe esta plegaria en tu corazón. Escúlpela en tu mente.

El hombre que no conoce los funcionamientos internos de su propia mente está lleno de cargas, angustias y preocupaciones; no ha aprendido cómo dar su carga a la presencia que Mora en el Interior, para así ser libre.

Un discípulo le preguntó a su maestro: "¿Cuál es la verdad?" El maestro le respondió de manera simbólica sacándose el saco que tenia en la espalda y poniéndolo en el suelo. El discípulo le preguntó entonces: "Maestro, ¿Cómo funciona?" El maestro, aún en silencio, cargó, otra vez el saco en su espalda y siguió por el camino, cantando. El saco es tu carga o tu problema. Lo ofreces a la Sabiduría subjetiva que todo lo sabe y que tiene el "saber cómo" para los logros. Sólo ella sabe la respuesta.

Poner el saco otra vez en la espalda significa que, aunque todavía tengo el problema, ahora tengo descanso mental y alivio de la carga, porque he solicitado en mi nombre a la Sabiduría Divina; por lo tanto, entono la canción de la victoria, sé que la respuesta a mi plegaria está en camino y canto por la alegría que me aguarda. Es maravilloso.

"Todo hombre sirve primero el buen vino, y cuando están satisfechos, entonces el que es peor: mas tú has guardado el buen vino hasta ahora". Esto es verdad para cada hombre cuando ingresa por primera vez en conocimiento de las leyes de la mente. Empieza con buen ánimo y grandes anhelos. Es como la escoba nueva que barre bien y está lleno de buenas intenciones; pero muchas veces se olvida de la Fuente de Poder. No sigue siendo leal al Principio científico y eficaz que existe dentro de él, que lo sacará de sus experiencias negativas y lo situará en el camino principal hacia la libertad y la paz mental. Empieza a satisfacerse de manera emocional y mental con ideas y pensamientos diferentes a la meta y objetivo que se ha propuesto. En otras palabras, no es fiel a su ideal o esposa.

Debes saber que el ser más profundo o subjetivo que vive dentro de ti consentirá tu pedido y, como gran fabricante que es, hará que acontezca a su propia forma. Todo lo que haces es dar a conocer tu pedido con fe y confianza, de la misma manera en que plantarías una semilla en el suelo o le mandarías una carta a un amigo, pues sabes que la respuesta llegará.

¿Has transitado alguna vez entre dos grandes rocas y escuchado el eco de tu voz? Es así como contesta el Principio de Vida que hay dentro de ti. *Tú* oirás el eco de tu propia voz. Tu voz es tu movimiento mental interno, tu viaje psicológico interior en donde te diste un festín mental con una idea hasta que quedaste satisfecho; luego reposaste.

Al conocer esta ley y cómo usarla, asegúrate de nunca arrebatarte con el poder, la arrogancia, el orgullo o la vanidad. Usa la ley para bendecir, curar, infundir y entusiasmar a otros, así como a ti mismo.

El hombre hace mal uso de la ley al aprovecharse de forma egoísta de su prójimo: si lo haces te dañas y atraes la pérdida hacia ti. El poder, la seguridad y las riquezas no se ganan externamente. Provienen de la mina del tesoro de la eternidad que hay dentro de ti. Debemos darnos cuenta de que el buen vino está siempre vigente, ya que Dios es el Presente Eterno. Sin importar los acontecimientos actuales, puedes probar que tu propio bien esté siempre presente al desprenderte mentalmente de tu problemas, al ver desde lo Alto y ocuparte de los asuntos de tu Padre.

Ver desde lo Alto es imaginarte tu propio bien, meditar sobre el nuevo concepto de ti mismo, casarte con él y mantener una predisposición feliz al conservar la fe -lleno de esta fe a cada paso del camino- y saber que el vino de la alegría, es decir la plegaria que es respondida, está en camino: "He aquí ahora el día de salud". "El reino de los cielos se ha acercado". "Tú has guardado el buen vino hasta ahora".

En este mismo instante, puedes viajar de manera psicológica en tu mente e ingresar con la misma en cualquier estado que quieras a través de la imaginación Divina. La riqueza, la salud o cualquier invención que quieras incorporar, al principio es invisible. Todo parte de lo Invisible. Debes tener riquezas de forma subjetiva antes de que puedas tener riquezas en forma material, La sensación de riqueza produce riqueza, ya que la misma es un estado de consciencia. *Un estado de consciencia* es aquello en lo que piensas, sientes, crees, y a lo cual le entregas consentimiento mental.

Una maestra de California que ganaba

cinco o seis mil dólares al año veía en un escaparate un hermoso abrigo de piel de armiño que costaba ocho mil dólares. Dijo: "Me llevaría años economizar esa cantidad de dinero. Nunca me lo podría comprar. ¡Pero cómo o lo quiero!" Vino a participar de nuestras conferencias los domingos por la mañana. Al dejar de casarse con estos conceptos negativos, aprendió que podía obtener un abrigo, un auto o cualquier cosa que quisiera sin dañar a nadie en la faz de la tierra.

Le dije que se imaginara que tenía puesto el abrigo, que palpara la hermosa piel y cómo le sentaba. Comenzó a usar el poder de su imaginación por las noches antes de irse a dormir. Se ponía el abrigo imaginario, lo tocaba, lo mimaba como hace una niña con su muñeca. Siguió haciéndolo y finalmente sintió un gran encanto.

Se iba a dormir cada noche con el abrigo imaginario puesto y muy feliz de tenerlo. Pasaron tres meses y nada ocurrió. Estaba a punto de rendirse pero se recordó a sí misma que es la predisposición sostenida la que finalmente expresa las cosas. "El que soportare hasta el fin, éste será salvo". La solución le llega a la persona que no cede, sino que lleva el perfume de Su Presencia consigo. La respuesta le llega al hombre que camina en la luz de que "¡Está hecho!" Siempre llevas encima *el perfume de Su Presencia* cuando mantienes la alegre predisposición de expectativa, al estar consciente de que tu propio bien está en camino. Lo has visto en lo no visible y *sabes* que lo verás en lo visible.

Lo que siguió en la historia mental de la maestra es sugestivo. Un domingo, después de una conferencia, un hombre le pisó el pie por casualidad, le pidió disculpas, le preguntó dónde vivía y se ofreció a llevarla a casa. Con gusto ella dijo que sí. Poco después le propuso matrimonio, le regaló un divino anillo de diamantes y le dijo: "He visto un abrigo maravilloso. ¡Te verías hermosa con él!". Era el mismo abrigo que ella había admirado tres meses antes. (El vendedor relató que más de cien mujeres ricas miraron el abrigo, que les gustó mucho, pero que por alguna razón siempre optaban por otra prenda.)

Por medio de tu capacidad para elegir, de imaginar la realidad de lo que has preferido, y por medio de la fe y la perseverancia, *tú puedes* llevar a la realidad tu propósito en la vida. Todas las riquezas del cielo están aquí y ahora dentro de ti, esperando ser libradas La paz, la alegría, el amor, la guía, la inspiración, la buena voluntad y la opulencia: todos ya existen, en este mismo instante. Todo lo que es preciso para expresar estas riquezas de Dios es que dejes el presente actual (tu limitación), ingreses en la visión o imagen mental y con una predisposición feliz y alegre te vuelvas uno con tu ideal. Una vez que has observado y sentido tu propio bien en instantes de gran entusiasmo, sabes que en poco tiempo tendrás tu ideal materializado mientras atraviesas el tiempo y el espacio. Como es dentro, es fuera. Como es arriba, es abajo. Así como es en el cielo es en la tierra. En otras palabras, observarás tus creencias expresadas. ¡El hombre es la expresión de la creencia!

LIBROS RECOMENDADOS

- Todo Sobre La Bolsa: Acerca de los Toros y los Osos, Jose Meli

- Piense y Hágase Rico, Napoleon Hill

- El Sistema Para Alcanzar El Exito Que Nunca Falla, W. Clement Stone

- La Ciencia de Hacerse Rico, Wallace D. Wattles

- El Hombre Mas Rico de Babilonia, George S. Clason

- El Secreto Mas Raro, Earl Nightingale

- El Arte de la Guerra, Sun Tzu

- Cómo Gané $2,000,000 en la Bolsa, Nicolas Darvas

- Como un Hombre Piensa Asi es Su Vida, James Allen

- El Poder De La Mente Subconsciente, Dr. Joseph Murphy

- La Llave Maestra, Charles F. Haanel

- Analisis Tecnico de la Tendencia de los Valores, Robert D. Edwards - John Magee

Disponibles en www.bnpublishing.net

www.ingramcontent.com/pod-product-compliance
Lightning Source LLC
Chambersburg PA
CBHW031223090426
42740CB00007B/687